ストウブでずぼらスープ

大橋由香

マガジンハウス

ストウブまかせの「ずぼらスープ」はこんなにかんたん!いいことずくめ!

切って鍋に入れて火にかけるだけ!

たった10分で作れちゃうスープもたくさん!

食材のうまみも栄養もまるごといただける!

お腹も心も満たされるメインのおかずになる!

「ずぼらスープ」の基本は3ステップ！

Step 1 下ごしらえ …食材を切って下味をつければ、調理の8割は完了！

例

材料（2人分）	下ごしらえ
鶏もも肉　2枚	皮をはぎ、塩小さじ1（分量外）をふる
玉ねぎ　1個	8等分のくし切りにする
キャベツ　1/4個	3㎝角に切る
トマト　1個	4等分のくし切りにする
オリーブ油　小さじ1	

本書では、材料の横に下ごしらえをまとめています

Step 2 鍋に入れる …食材を入れるだけだから、かんたん！

火の通りや味を計算していますので、食材はレシピの順に鍋へ入れるだけで失敗知らず。記載がない場合、順番は気にしなくて構いません。

Step 3 火にかける …火加減をコントロールして、うまみを引き出す！

本書のレシピは、中火、弱火、とろ火の3つを使い分けます。

中火 …炎の先が鍋底に触れている状態。
IHコンロでは10段階なら半分の4〜5くらい。

弱火 …炎の先が鍋底に触れていない状態。
IHコンロでは10段階なら3くらい。

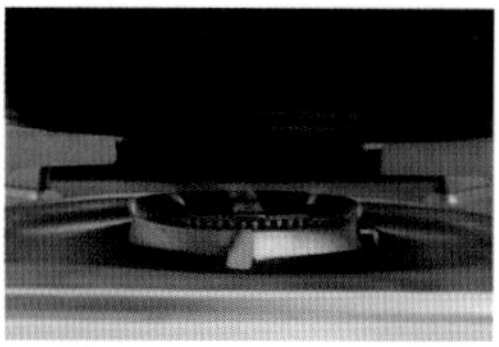

とろ火 …弱火よりさらに弱く、火が消えないギリギリの状態。
IHコンロでは10段階なら1〜2くらい。

ずぼらスープは
こんなにかんたん！

「ずぼら料理教室」の大人気スープ

「新・鶏肉の無水トマト煮込み」で3ステップをおさらい！

本書は、すべて2人分の分量で紹介しています。

材料（2人分）	下ごしらえ ← Step 1
鶏もも肉　2枚	皮をはぎ、塩小さじ1（分量外）をふる
玉ねぎ　1個	8等分のくし切りにする
キャベツ　1/4個	3㎝角に切る
トマト　1個	4等分のくし切りにする
オリーブ油　小さじ1	

作り方

1 鍋にオリーブ油、玉ねぎ、キャベツ、鶏肉、トマトを順に入れる。← Step 2

point

食材は鍋の半分以上が目安！

鍋に入れる食材は最低半分から8分目を目安にすれば、好きな食材に変更・追加してもOK。葉野菜なら目一杯入れても、加熱で水分が出てかさが減ります。

2 ふたをして **弱火** で煮込む（30分）。途中、隙間から蒸気が出たら **とろ火** にする。← Step 3

point

蒸気は火を弱める合図！

加熱された食材から水分が出ると、ふたの隙間から蒸気が出てきます。これが火力を弱める合図。蒸気がなかなか出ない時は、火力を少し強めてください。

3 具材が水分に浸《つ》かるようヘラなどで押し込む。火を止めてふたをし、余熱で置く（10分）。

point

余熱調理でほったらかし！

火を止めても余熱で調理が続くのがストウブのすごいところ。ふたをして、レシピの時間を目安に置きましょう。余裕があればどのレシピも3〜4時間置くと、さらに食材はやわらかく味も染み込みます。

食べる時には
中火で温め直してね

ずぼらスープは
いいことずくめ！

Main dish

もう献立に悩まない！

理想的な食事は、ごはんなど穀類の「主食」、肉や魚などたんぱく質の「主菜」、野菜などの「副菜」、そして「汁物」の組み合わせと言われています。ずぼらスープは一皿で「主菜」「副菜」「汁物」がまかなえてしまうものばかり。ごはんと併せて一汁一飯で大満足です。

Tasty

調味料は最小限でうまみ充分！

ストウブは食材がもつうまみや甘みをぎゅっと引き出してくれるので、調味料は必要最低限におさえられます。ずぼらスープはさらに、うまみがたっぷり出る食材を使うなど素材のおいしさを活かしたレシピになっています。

Arrange

アレンジで楽しみ方は無限！

3～5ページで紹介したようなずぼらスープの基本をおさえれば、お好みの食材に変えたり、冷蔵庫に余っている食材を足したり、そして残ったスープに牛乳やごはん、麺を加えたりと自由自在にスープライフを楽しめます。

Healthy

野菜がたっぷり食べられる！

汁と野菜は相性ばっちり。ずぼらスープは野菜もたくさん使用しています。「野菜をどうやって摂ろう？」と悩む方も多いと思いますが、煮込むことでかさが減るので食べやすく、煮汁に溶け出した栄養も逃さず摂取できます。

ごはんを加えればリゾット風に

牛乳や豆乳を加えればシチュー風に

Contents

Part 1

肉や魚介のずぼらスープ

一汁一飯で大満足！

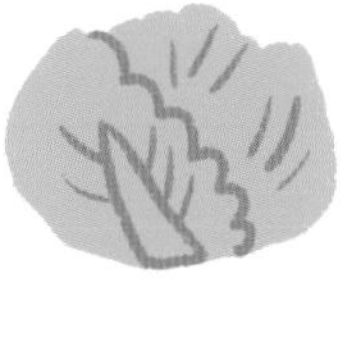

Part 2

ひと皿で栄養満点！
野菜のずぼらスープ

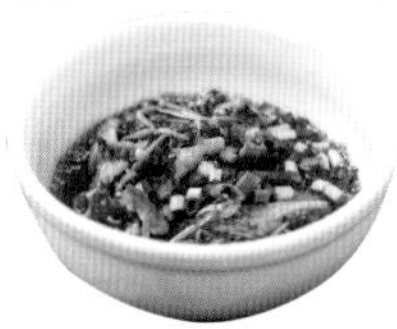

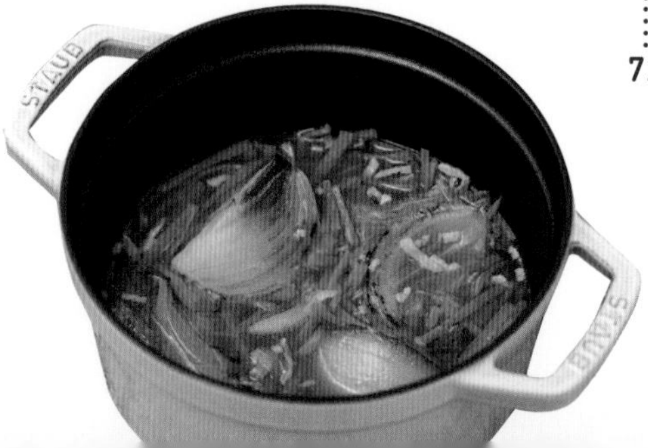

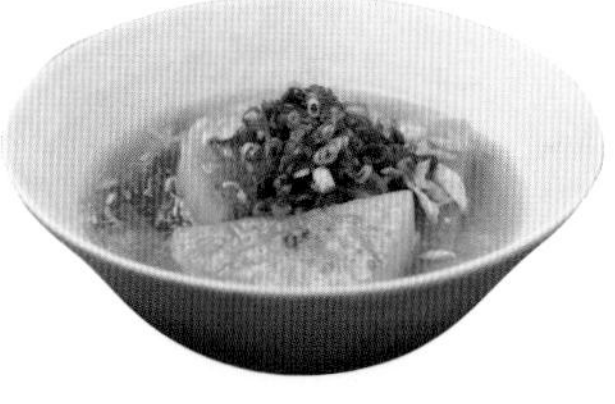

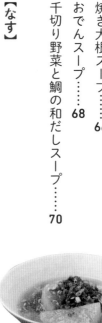

Part 3

たった10分でできあがり！ 超速ずぼらスープ

最速5分でできあがり！ 超速ずぼらみそ汁

Part 4

まるで旅気分！ ご当地ずぼらスープ

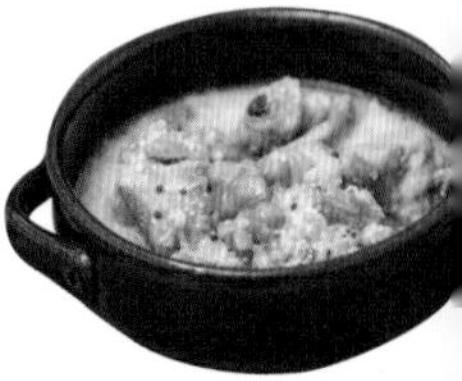

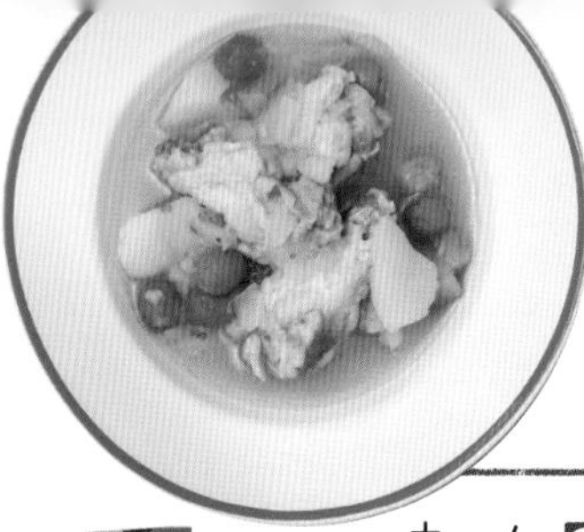

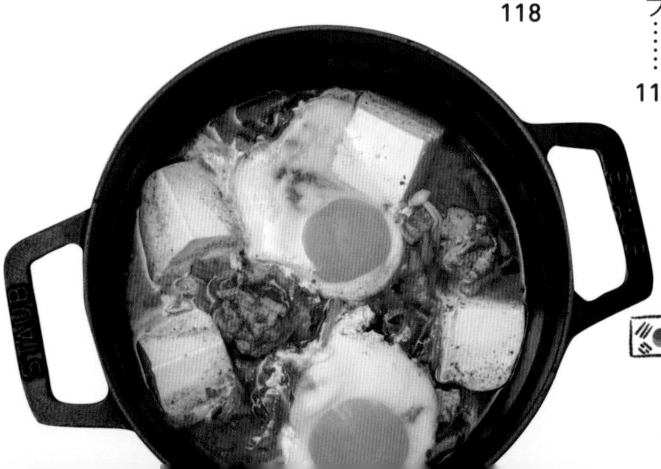

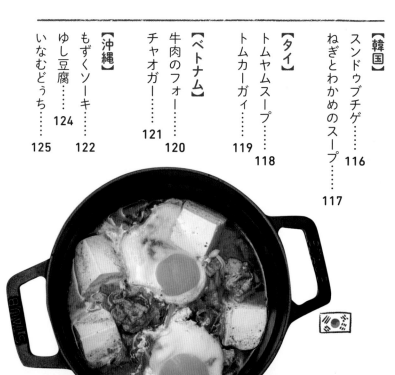

この本で使う道具

•ストウブ

ずぼらスープは、すべて直径 20㎝の「ピコ・ココット ラウンド」ひとつで作っています。もちろんサイズの違うストウブでも作れますので、鍋のサイズに合わせて材料を調整してください。目安としては、22㎝、24㎝のピコ・ココット ラウンドであれば 1.5 ～ 2 倍量で作れます。

ストウブのふた

重さがあり、しっかり密閉して蒸気やうまみを閉じ込めてくれます。本書では、ふたを閉めるタイミングも明記しています。

おいしいお話

ストウブでは、水分が蒸気となって鍋の中を対流。「アロマレイン」と言われるおいしさの詰まった水滴がふたにある突起物「ピコ」を伝って雨のように降り注ぎます。なのでふたを開ける時は、ふたの裏からこぼれる水滴も鍋の中に戻しましょう。

•鍋つかみ

ストウブは熱すると、ふたのつまみや持ち手が熱くなります。ミトンや厚手の布巾などを用意しておきましょう。

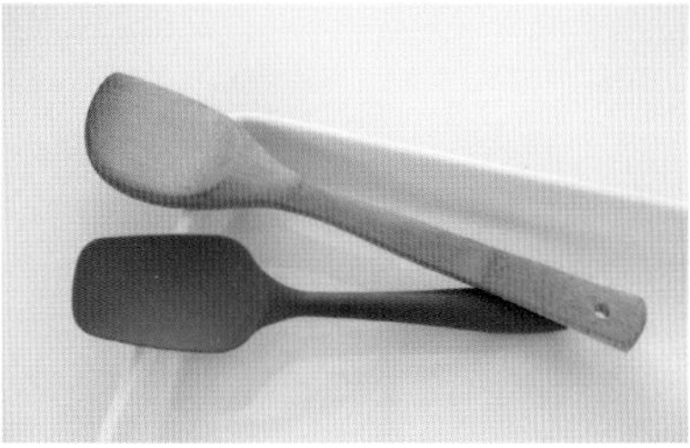

•木やシリコンのヘラ

鍋の加工を傷つけないよう、金属製ではなく、木製やシリコン製のヘラや玉じゃくしの使用がおすすめです。

この本で使う食材

塩と油は、ずぼらスープの多くのレシピで使います。
味の決め手にもなるので、良質なものを選んで使ってみてください。

塩

ずぼらスープは塩だけの味付けというものも多く、塩気がまろやかな海水塩がおすすめです。分量は明記していますが、種類によって塩辛さが異なるので、自分なりの”おいしいライン”を探っていってみてください。

油

ずぼらスープではきほんオリーブ油を使用しています。風味をプラスしたい場合はごま油を使用しますが、それ以外はお好みの食用油（サラダ油など）で代用しても構いません。

[本書のレシピについて]

- 大さじ 1 = 15mℓ、小さじ 1 = 5mℓです。
- レシピに表記されているカッコ内の時間（●分）は煮込み時間もしくは余熱時間です。
- 表示の調理時間はおおよその目安です。火加減や環境によって多少異なりますので、様子を見ながら加減してください。
- 野菜類の調理は、洗う、皮をむく、芽やへたや種を除くなどの下処理は記述を省略しています。
- きのこ類の調理は、石づきを取る下処理は記述を省略しています。洗わずに使いますが、汚れが気になる場合はふき取ってください。
- にんにく、しょうがの 1 かけは 10g 程度です。
- 成分無調整豆乳は大豆固形分 9%のものを使用しています。
- トマトピューレは 3 倍濃縮のもの、トマトペーストは 6 倍濃縮のものを使用しています。

Part 1

一汁一飯で大満足！
肉や魚介のずぼらスープ

ひと皿でボリューム満点！

ごはんにもぴったりのおかずスープ！

コンビニや外食は飽きたという人におすすめ！

やさしく深い味わいで、
体もポカポカ温まる！

鶏肉

鶏のエキスが滲《にじ》み出た至福の一杯

参鶏湯《サムゲタン》風スープ

材料（2人分）	下ごしらえ
鶏手羽先　8本	
長ねぎ　1/2本	長さ3㎝に切る
大根　1/8本(5㎝)	厚さ1㎝のいちょう切りにする
キクラゲ　5g	水で戻し、一口大に切る
しょうが　1かけ	薄切りにする
米　大さじ2	
塩　小さじ1/2	
酒　50㎖	
水　500㎖	

作り方

1. 鍋に材料をすべて入れ、**中火**にかける。

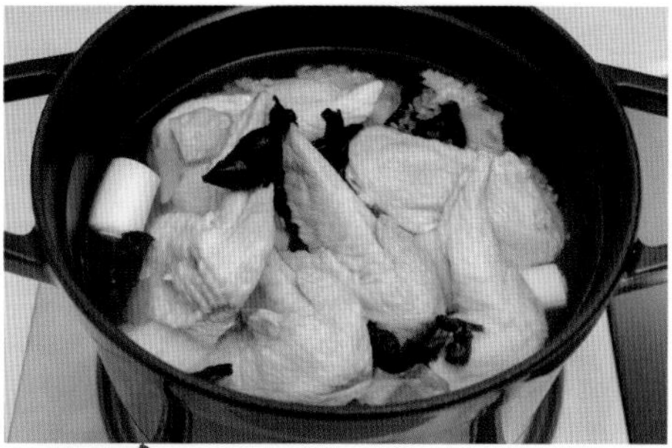

野菜→肉→その他の順で入れましょう

2. 沸騰したらふたをして、隙間から蒸気が出たら**とろ火**にし、煮込む（20分）。
3. 火を止めて、余熱で置く（10分）。

余熱で大根も
やわらかくなるよ

先に無水調理をすることで
おいしさと甘みが引き出る！

鶏肉の香ばしさがたまらない

グリルチキンと豆のスープ

材料（2人分）		下ごしらえ
	鶏もも肉　1枚	4等分に切り、塩小さじ1/2（分量外）をふる
A	玉ねぎ　1/2個	1㎝角に切る
A	にんじん　1/2本	1㎝角に切る
A	ひよこ豆（水煮）　100g	
A	塩　小さじ1/2	
	ローズマリー　2本	
	水　200㎖	
	オリーブ油　小さじ1	

作り方

1. 鍋にオリーブ油を引いて**中火**で熱し、煙が出たら鶏肉を皮目から入れる。

油がはねるので、落ち着くまでふたを少しずらしてのせましょう

2. 鶏肉に焼き色がついたら裏返し、**A**を加えてひと混ぜし、ローズマリーをのせてふたをする。

3. 隙間から蒸気が出たら**とろ火**にし、煮込む（10分）。

4. 水を加え、**中火**でひと煮立ちさせる。

ここに水を加え、ふたは開けたままにしておきます

5. 火を止めてふたをし、余熱で置く（10分）。

余熱でひよこ豆がくたっとするよ

パセリやチーズで洋風の仕上がり！

煮込むだけで上品なコンソメ味に

チキンと焼きキャベツのスープ

材料（2人分）	下ごしらえ
鶏もも肉　1枚	4等分に切り、塩小さじ1/2（分量外）をふる
キャベツ　1/4個	縦半分に切る
塩　小さじ1/2	
水　500mℓ	
オリーブ油　小さじ1	
パセリ　2枝（4g）	葉をみじん切りにする
パルミジャーノ・レッジャーノ　10g	すりおろす
黒こしょう　少々	

作り方

1. 鍋にオリーブ油、キャベツ、鶏肉を順に入れ、ふたをして**弱火**で煮込む（20分）。途中、隙間から蒸気が出たら**とろ火**にする。

2. 塩、水を加えてひと混ぜし、**中火**にする。

ここに塩、水を加え、ふたは開けたままにしておきます

3. 沸騰したら**弱火**にし、さらに煮込む（5分）。

4. 器に盛り、パセリ、パルミジャーノ、黒こしょうをちらす。

鶏塩ビーフンスープ

遅い時間に食べても
罪悪感のないあっさりさ！

鶏肉

材料（2人分）

材料	下ごしらえ
鶏むね肉　1枚	縦半分に切り、砂糖と塩各小さじ1（分量外）をふる
ビーフン　50g	
長ねぎ　1/2本	斜めの薄切りにする
しいたけ　4個	薄切りにする
酒　大さじ1	
水　400mℓ	
水菜　1株	長さ3cmに切る

作り方

1. 鍋に酒、水を入れて**中火**にかけ、沸騰したら鶏肉を加える。
2. 再度沸騰したら鶏肉を裏返してふたをし、火を止めて、余熱で置く（10分）。
3. 鶏肉を取り出し、鍋にビーフン、長ねぎ、しいたけを加え、**中火**にかける。
4. 沸騰したら**弱火**にし、さらに煮込む（3分）。
5. 器に盛り、水菜と❸の鶏肉をちぎってのせる。

豚バラの脂とセロリが相性抜群！

豚肉とセロリのスープ

材料（2人分）	下ごしらえ
豚バラ肉（ブロック）　200g	厚さ1cmに切り、塩小さじ1/2（分量外）をふる
玉ねぎ　1個	2cm角に切る
セロリ　1本	長さ5cmの細切りにする
塩　小さじ1/2	
水　400mℓ	

作り方

1. 鍋に豚肉、玉ねぎ、セロリ、塩、水を順に入れ、ふたをして**中火**にかける。
2. 隙間から蒸気が出たら**とろ火**にし、煮込む（20分）。

にんにくとスパイスの香りが食欲をそそる！

チリコンカンのような食べごたえ

豚こまスパイススープ

材料（2人分）　　　　　　**下ごしらえ**

材料		分量	下ごしらえ
豚こま切れ肉		200g	粗く刻む
A	玉ねぎ	1/2個	1㎝角に切る
A	セロリ	1/2本	1㎝角に切る
A	にんじん	1/2本	1㎝角に切る
B	ミックスビーンズ	70g	
B	蒸し大豆	100g	
B	チリパウダー	小さじ2	
B	塩	小さじ1/2	
にんにく		1かけ	みじん切りにする
水		400㎖	
オリーブ油		小さじ1	

作り方

1. 鍋にオリーブ油、にんにくを入れて**弱火**で熱し、Aを入れてしんなりするまで炒める。

にんにくの香りが出たら野菜を入れましょう

2. 豚肉、Bを加えてひと混ぜし、ふたをする。

3. 隙間から蒸気が出たら水を加え、**中火**にする。

ここに水を加え、ふたは開けたままにしておきます

4. 沸騰したら**弱火**にし、煮込む（5分）。

お肉のうまみを味わいたい時は
ブロック肉がおすすめ！

何度もおかわりしたくなるやさしさ

塩豚とかぶの煮込みスープ

材料（2人分）	下ごしらえ
豚肩ロース肉（ブロック）　300g	塩小さじ1/2（分量外）をまぶし、10分置く※
かぶ　2個	半分に切る
長ねぎ　1本	長さ5cmに切る
塩　小さじ1/2	
水　500mℓ	

※肉にまぶす塩の量
肉の重量に対して1%の塩をまぶします。
塩をまぶして冷蔵庫でひと晩置いておくと、
よりうまみが引き出されておすすめです。

作り方

1. 鍋に豚肉、かぶ、長ねぎ、塩、水を順に入れ、ふたをして**中火**にかける。

野菜は豚肉の周りに入れましょう

2. 隙間から蒸気が出たら**とろ火**にし、煮込む（20分）。

3. 火を止めて、余熱で置く（3〜4時間）。

余熱でほったらかしでブロック肉にも火が通ります

豚肉をお好みの厚さに
切って食べてね！

セロリが入ると
お店のようなワンランク上の味わいに！

おもてなしにもよろこばれる贅沢スープ

パプリカと牛肉のスパイススープ

	材料（2人分）	下ごしらえ
	牛薄切り肉　200g	食べやすい大きさに切る
A	赤パプリカ　1個	幅5㎜の細切りにする
A	玉ねぎ　1/2個	1㎝角に切る
A	にんじん　1/2本	1㎝角に切る
A	セロリ　1本	1㎝角に切る
	チリパウダー　小さじ2	
	トマトペースト（6倍濃縮）　1パック（18g）	
	塩　小さじ1	
	水　400㎖	
	オリーブ油　小さじ1	

作り方

1. 鍋にオリーブ油、A、牛肉、チリパウダー、トマトペースト、塩を順に入れ、ふたをして**中火**にかける。

2. 隙間から蒸気が出たら水を加える。

ここに水を加え、ふたは開けたままにしておきます

3. 沸騰したら**弱火**にし、肉をほぐすようにに混ぜながら煮込む（5分）。

豆板醤であと引くおいしさ!

しょうゆとみりんでほっとする味

牛肉とじゃがいものピリ辛煮込みスープ

材料（2人分）	下ごしらえ
牛薄切り肉　200g	食べやすい大きさに切る
じゃがいも　2個	一口大に切る
エリンギ　1パック	半分の長さの薄切りにする
にんにく　1かけ	薄切りにする
しょうゆ　大さじ2	
みりん　大さじ2	
豆板醤　小さじ1/2	
水　400mℓ	

作り方

1. 鍋にエリンギ、牛肉、じゃがいも、にんにく、しょうゆ、みりんを順に入れ、ふたをして**中火**にかける。
2. 隙間から蒸気が出たら**とろ火**にし、煮込む（10分）。
3. 豆板醤、水を加え、**中火**でひと煮立ちさせる。

ここに豆板醤、水を加え、ふたは開けたままにしておきます

まるでひと晩煮込んだような
コクが生まれる！

牛肉

材料を一気に入れちゃう THE ずぼらレシピ

ほったらかしビーフカレー

材料（2人分）	下ごしらえ
牛薄切り肉　200g	塩小さじ1/2（分量外）をふる
玉ねぎ　2個	薄切りにする
にんじん　1本	乱切りにする
塩　小さじ1/2	
トマトピューレ（3倍濃縮）　200g	
カレー粉　大さじ1	
オリーブ油　小さじ1	

作り方

1. 鍋にオリーブ油、玉ねぎ、塩、にんじん、牛肉、トマトピューレ、カレー粉を順に入れ、ふたをして**中火**にかける。

2. 隙間から蒸気が出たら**とろ火**にし、煮込む（20分）。

食べる前に
全体をよく混ぜましょう

キャベツを半分ぜいたくに食べられる！

ずぼらだからこそのインパクト

巻かないロールキャベツ

	材料（2人分）	下ごしらえ
	キャベツ　1/2個	芯を切り取り、外側の葉3枚ほどと、内側の葉にわける。内側の葉は5㎝角に切る
A	合いびき肉　200g	
A	玉ねぎ　1/2個	みじん切りにする
A	卵　1個	
A	塩①　小さじ1/2	
	塩②　小さじ1/2	
	水　300㎖	

作り方

1. ボウルに**A**を入れ、なじむまでこね、キャベツの外側の葉につめる。

2. 鍋に切ったキャベツの半量、❶、残りのキャベツ、塩②、水を順に入れ、ふたをして**中火**にかける。

切ったキャベツは周りを埋めるように入れましょう

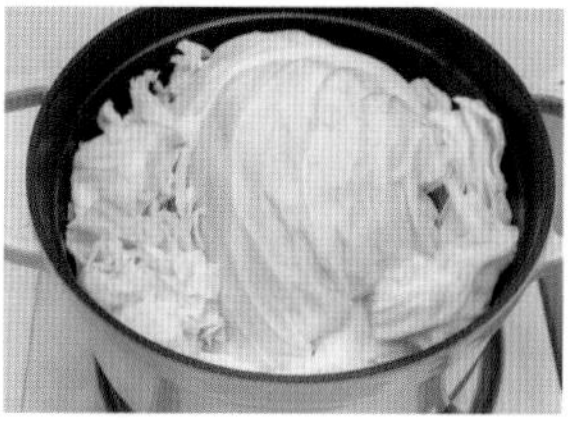

3. 隙間から蒸気が出たら**とろ火**にし、煮込む（30分）。

お肉の中から
とろけたチーズがこんにちは！

濃厚トマトスープがお肉にマッチ

チーズミートボール

材料（2人分）	下ごしらえ
A 合いびき肉　300g	
A 片栗粉　大さじ1	
A 塩　小さじ1/2	
キャンディチーズ　8個	
玉ねぎ　1/2個	1㎝角に切る
いんげん　4本	半分の長さに切る
トマトピューレ（3倍濃縮）　150g	
ケチャップ　大さじ1	
塩　小さじ1/2	
水　100㎖	
オリーブ油　小さじ1	

作り方

1. ボウルに**A**を入れ、なじむまでこねる。8等分にして、中にチーズを入れて丸める。

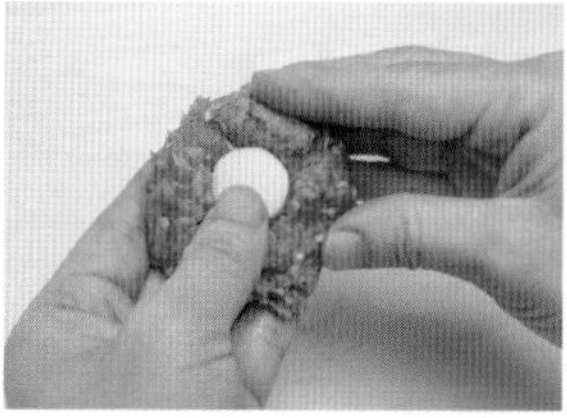

2. 鍋にオリーブ油、玉ねぎ、❶、トマトピューレ、ケチャップを順に入れ、ふたをして**中火**にかける。

ミートボールは重ならないよう並べて置きましょう

3. 隙間から蒸気が出たら**とろ火**にし、煮込む（5分）。

4. いんげん、塩、水を加え、**中火**でひと煮立ちさせる。

食べる前に全体をよく混ぜましょう

ひき肉だと短時間で火が通ってラクラク！

ごはんと一緒に箸が止まらない

ひき肉といろいろきのこのカレースープ

材料（2人分）		下ごしらえ
	鶏ひき肉(もも)　200g	
	玉ねぎ　1個	粗みじん切りにする
A	えのき　1/2パック	半分の長さに切ってほぐす
A	しいたけ　4個	5㎜の薄切りにする
A	しめじ　1/2パック	ほぐす
	カレー粉　大さじ1	
	塩　小さじ1	
	水　200㎖	
	オリーブ油　大さじ1	

作り方

1. 鍋にオリーブ油、玉ねぎ、ひき肉、カレー粉、A、塩を順に入れ、ふたをして**中火**にかける。

ひき肉は玉ねぎの上に広げるようにのせましょう

2. 隙間から蒸気が出たら**とろ火**にし、煮込む（10分）。

3. 水を加え、肉をほぐすように混ぜながら**中火**にかける。

ここに水を加え、ふたは開けたままにしておきます

4. 沸騰したら**弱火**にし、さらに煮込む（5分）。

広げ入れたひき肉を
ざっくりほぐすだけでOK!

一味とごま油が食欲を刺激する

丸めない鶏だんごのピリ辛スープ

	材料（2人分）	下ごしらえ
A	鶏ひき肉（むね）　200g	
A	小ねぎ　3本	小口切りにする
A	卵　1個	
A	塩①　小さじ1/2	
A	しょうゆ　小さじ1	
A	片栗粉　大さじ1	
	チンゲン菜　2株	幅3cmに切る
	塩②　小さじ1/2	
	一味唐辛子　小さじ1/2	
	水　500mℓ	
	ごま油　小さじ1	

作り方

1. ボウルにAを入れ、なじむまでこねる。

2. 鍋にごま油、チンゲン菜、❶を入れ、ふたをして**中火**にかける。

❶の肉はチンゲン菜の上に広げるようにのせましょう

3. 隙間から蒸気が出たら塩②、一味唐辛子、水を鍋縁からゆっくり加える。

4. 沸騰したら**弱火**にし、煮込む（3分）。最後にひき肉をざっくりほぐす。

青魚の良質な脂をいただきます！

さば缶を汁ごと使ってだしいらず

さばとじゃがいものクミンスープ

材料（2人分）	下ごしらえ
さば缶　1缶（190g）	
じゃがいも　2個	一口大に切る
長ねぎ　1本	長さ5㎝に切る
塩　小さじ1/2	
クミンシード　小さじ2	
水　300㎖	
オリーブ油　小さじ1	

作り方

1. 鍋にオリーブ油、長ねぎ、じゃがいも、塩、クミンシードを入れてひと混ぜし、ふたをして**弱火**にかける。

2. 隙間から蒸気が出たらさば缶（汁ごと）、水を加え、**中火**にかける。

さば缶は汁ごと使うことで、うまみと栄養を余すことなく摂取できます

3. 沸騰したら**弱火**にし、煮込む（3分）。

細かく切ったアスパラからもうまみが広がる！

ほんのりカレー風味でごはんにも合う

えびとアスパラのミルクカレースープ

材料（2人分）	下ごしらえ
むきえび　100g	背わたを取る
アスパラガス　3本	穂先を長さ5cmで切り、残りは1cmの輪切りにする
玉ねぎ　1/2個	1cm角に切る
塩　小さじ1/2	
カレー粉　小さじ1	
牛乳　300mℓ	
オリーブ油　小さじ1	

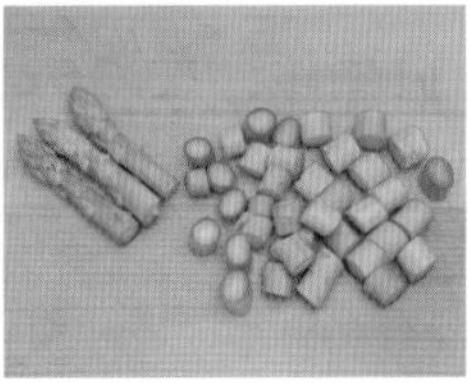

作り方

1. 鍋にオリーブ油、玉ねぎ、えび、アスパラガス、塩、カレー粉を順に入れ、ふたをして**弱火**にかける。

2. 隙間から蒸気が出たら牛乳を加え、**中火**でひと煮立ちさせる。

ごはんを入れて、
リゾット風もおすすめ！

トマトとオイスターソースが味のまとめ役！

魚介

素材の調和ととろみが絶妙

ほたての卵中華スープ

材料（2人分）	下ごしらえ
ほたて（ボイル）　100g	
長ねぎ　1/2本	斜めの薄切りにする
えのき　1/2パック	半分の長さに切ってほぐす
トマト　1個	1㎝角に切る
オイスターソース　大さじ1	
塩　小さじ1/2	
水　300㎖	
片栗粉　大さじ1	
卵　1個	溶いておく

作り方

1. 鍋に長ねぎ、えのき、トマト、ほたて、オイスターソース、塩を順に入れ、ふたをして**中火**にかける。

2. 隙間から蒸気が出たら水、片栗粉を加えてとろみがつくまで混ぜる。

ここに水、片栗粉を加え、ふたは開けたままにしておきます

3. 沸騰したら溶き卵を加え、混ぜながら卵が固まるまで煮込む。

しっかり沸騰してから卵を入れましょう

ずぼらスープのおすすめ食材TOP3

No.1

玉ねぎ

水分をたくさん含んでいる野菜で、甘みも出ます。水分を出したい場合は、繊維に対して直角に薄切りに。玉ねぎ自体を味わいたい場合は、芯を残したまま大きく切ったり、小さいものなら丸ごと煮込んだりするのもいいでしょう。

No.2

キャベツ

煮込むとかさがグッと減るので、野菜をたくさん食べたい時にうってつけ。大きく切るとシャキシャキ感が残りますし、小さく切るとクタクタでうまみが染み込みやすくなります。また焼き付けると甘みが増します。

No.3

きのこ

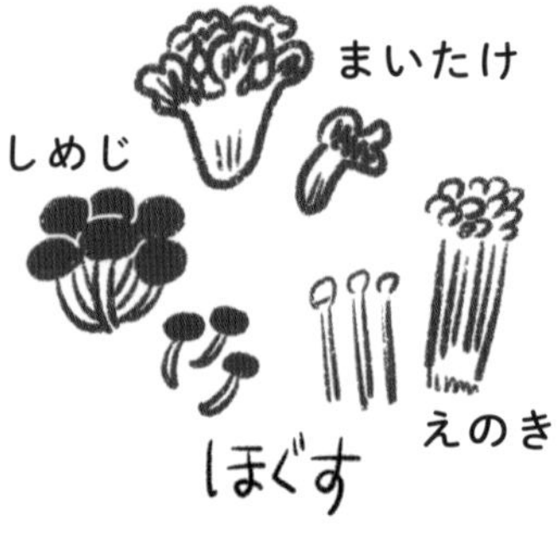

水分とうまみをたくさん含んでいるので、スープにぴったり。冷凍するとうまみや栄養価が高まるともいわれているので、石づきを取ってほぐしたものを冷凍保存しておき、いろんなレシピに投入してみましょう。

Part 2

ひと皿で栄養満点！

野菜のずぼらスープ

野菜のおかずどうしよう…と
困った時におすすめ！

野菜不足も
解消する具だくさんスープ！

栄養とうまみを
たっぷりいただける！

玉ねぎ丸々1個入れ!

焼かれた玉ねぎが主役のコンソメ風

ローストオニオンスープ

材料（2人分）	下ごしらえ
玉ねぎ　1個	芯を残したまま4等分に切る
セロリ　1本	千切りにする
にんじん　1/2本	千切りにする
ベーコン　30g	細切りにする
塩　小さじ1	
水　400mℓ	
オリーブ油　小さじ1	

作り方

1. 鍋にオリーブ油、玉ねぎ、セロリ、にんじん、ベーコン、塩を順に入れ、ふたをして**中火**にかける。

玉ねぎは断面を下にして置きましょう

2. 隙間から蒸気が出たらひと混ぜし、**とろ火**で煮込む（15分）。
3. 水を加え、**中火**にする。
4. 沸騰したら**弱火**にし、さらに煮込む（10分）。

ごはんにかけてスープカレーにすれば、ひと皿で満腹！

野菜の甘さにトリコになる

玉ねぎとさつまいものカレースープ

材料（2人分）	下ごしらえ
玉ねぎ　1/2個	1㎝の薄切りにする
さつまいも　小1本	1㎝の輪切りにし、水にさらす
鶏手羽元　4本	塩小さじ1/2（分量外）をふる
カレー粉　小さじ2	
水　200㎖	
オリーブ油　小さじ1	

作り方

1. 鍋にオリーブ油、玉ねぎ、鶏肉、さつまいも、カレー粉を順に入れ、ふたをして**中火**にかける。

2. 隙間から蒸気が出たら水を加え、ひと混ぜする。

ここに水を加え、ふたは開けたままにしておきます

3. 沸騰したら**とろ火**にし、ふたをして煮込む（15分）。

あさりのおだしをパスタが吸収！

バター×しょうゆで間違いなし

玉ねぎとあさりのスープパスタ

材料（2人分）	下ごしらえ
玉ねぎ　1個	繊維に対して直角に薄切りにする
あさり　200g	塩水に浸け、砂抜きをする※
にんにく　1かけ	みじん切りにする
しめじ　1パック	ほぐす
えのき　1/2パック	ほぐす
サラダスパゲッティ　80g	鍋に入れる直前に水にくぐらせる
塩　小さじ1/2	
しょうゆ　小さじ2	
バター　10g	
水　400mℓ	
オリーブ油　小さじ2	

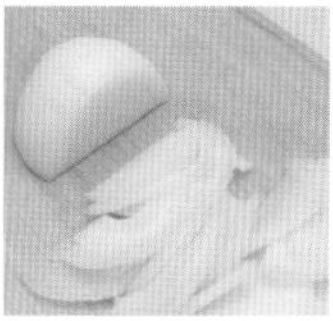

※あさりの砂抜き

バットに並べたあさりに3%程度の塩水をひたひたに入れ、3時間以上冷蔵庫に置いておきます。

作り方

1. 鍋にオリーブ油、にんにく、玉ねぎ、しめじ、えのき、塩、あさりを順に入れ、ふたをして**中火**にかける。
2. 隙間から蒸気が出たら水、スパゲッティ、しょうゆ、バターを加える。
3. 沸騰したら**弱火**にし、時々混ぜながらスパゲッティがやわらかくなるまで煮込む（4分）。

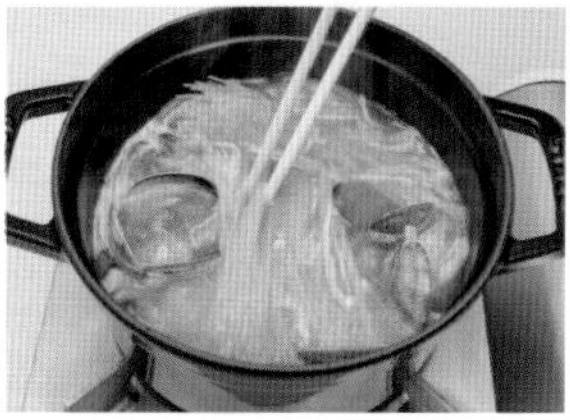

水分を吸わないうちに
早めに食べてね！

くし形キャベツで満足感UP!

たっぷり野菜が集結したひと皿

焼きキャベツと鶏肉のポトフ

材料（2人分）	下ごしらえ
キャベツ　1/4個	縦半分に切る
長ねぎ　1本	長さ5㎝に切る
にんじん　1/2本	縦長の4等分に切る
鶏むね肉　1枚	皮をはがして幅5㎜の細切りにし、塩小さじ1/2と片栗粉大さじ1（分量外）をまぶす
水　400㎖	
オリーブ油　小さじ1	

細切りは
こんな感じ

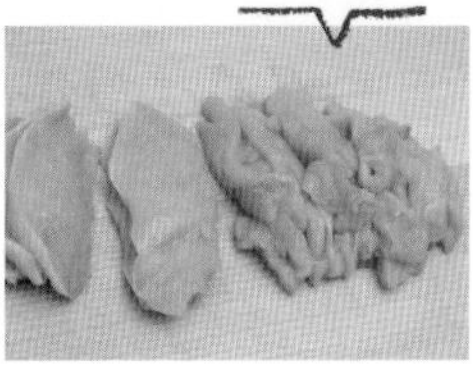

作り方

1. 鍋にオリーブ油、キャベツ、長ねぎ、にんじんを順に入れ、ふたをして**弱火**で煮込む（15分）。
2. 隙間から蒸気が出たら水、鶏肉を加え、**中火**にかける。
3. 沸騰したら**弱火**にし、時々混ぜながらさらに煮込む（3分）。

するする食べられちゃう塩味！

包まなくてもいいじゃない

包まない ワンタンキャベツスープ

材料（2人分）		下ごしらえ
A	鶏ひき肉（むね）　200g	
A	しょうが　1かけ	みじん切りにする
A	片栗粉　大さじ1	
A	塩①　小さじ1/2	
B	キャベツ　1/8個	3㎝角に切る
B	長ねぎ　1/2本	斜めの薄切りにする
B	塩②　小さじ1/2	
	ワンタンの皮　15枚	半分に切る
	水　500㎖	
	ごま油　小さじ1	

作り方

1. ボウルにAを入れ、なじむまでこね、8等分にする。

2. 鍋にごま油、B、❶を順に入れ、ふたをして**弱火**で煮込む（10分）。途中、隙間から蒸気が出たら**とろ火**にする。

❶の肉は2本のスプーンでだんご状にしながらのせましょう

3. 水を加えて**中火**にし、沸騰したらひと混ぜしてさらに煮込む（3分）。

4. ワンタンの皮を1枚ずつ入れ、くっつかないように混ぜながらさらに煮込む（2分）。

おなかも大満足の中華風！

キャベツと春雨のスープ

キャベツ

材料（2人分）	下ごしらえ
キャベツ　1/4個	一口大にちぎる
春雨　25g	水にくぐらせる
鶏ひき肉（むね）　200g	
小松菜　1株	幅3㎝に切る
塩　小さじ1/2	
しょうゆ　小さじ2	
水　500㎖	
ごま油　小さじ1	

作り方

1. 鍋にごま油、キャベツ、ひき肉、塩、春雨、しょうゆを順に入れ、ふたをして**中火**にかける。

ひき肉はキャベツの上に広げるようにのせましょう

2. 隙間から蒸気が出たら水、小松菜を加え、沸騰したら**弱火**にして煮込む（5分）。最後にひき肉をざっくりほぐす。

山盛りキャベツの豚汁

材料（2人分）	下ごしらえ
キャベツ　1/4個	一口大にちぎる
豚ひき肉　200g	
塩　小さじ1/2	
水　400㎖	
みそ　大さじ1	

作り方

1. 鍋にキャベツ、ひき肉、塩を入れてひと混ぜし、ふたをして**中火**にかける。
2. 隙間から蒸気が出たら水を加え、ひと煮立ちさせる。
3. 火を止めて、みそを溶く。

火の通りやすい食材だけなので、サッと煮るだけでOK!

きのこ好きがよろこぶ大量摂取レシピ

焼ききのこの中華スープ

材料（2人分）	下ごしらえ
まいたけ　1パック	大きめにほぐす
えのき　1/2パック	4等分にほぐす
しょうが　1かけ	千切りにする
塩　小さじ1/2	
水　300mℓ	
白ごま　小さじ1	
小ねぎ　2本	小口切りにする
ごま油　小さじ1	

しいたけやしめじなど、
お好みのきのこを
足してもOK

作り方

1. 鍋にごま油、まいたけ、えのき、しょうが、塩を順に入れ、ふたをして**中火**にかける。

2. 隙間から蒸気が出たら水を加え、ひと煮立ちさせる。仕上げに白ごま、小ねぎを加える。

動物性の食材がなくても、うまみ充分！

しょうがときのこで滋養の味

きのこの精進汁

材料（2人分）	下ごしらえ
えのき　1/2パック	半分の長さに切り、ほぐす
しいたけ　4個	5㎜の薄切りにする
しめじ　1/2パック	ほぐす
長ねぎ　1/2本	斜めの薄切りにする
油揚げ　1枚	油抜きをし※、縦半分に切り、千切りにする
しょうが　1かけ	千切りにする
しょうゆ　大さじ1	
塩　小さじ1	
水　500㎖	

※油揚げの油ぬき
ザルなどの上に置き、沸騰したお湯をゆっくりとまんべんなくかけましょう。

作り方

1. 鍋に水以外の材料を入れ、ふたをして**中火**にかける。
2. 隙間から蒸気が出たら水を加え、ひと煮立ちさせる。

白と赤のコントラストで食卓も華やぐ！

大根

ツナとトマトを加えて和洋折衷のおいしさ

焼き大根スープ

材料（2人分）	下ごしらえ
大根　1/4本（10㎝）	4等分の厚さの半月切りにする
トマト　1個	3㎝角に切る
ツナ缶（塩・油不使用）　1缶（70g）	
塩①　小さじ1/4	
塩②　小さじ1/2	
水　300㎖	
片栗粉　大さじ1	
オリーブ油　小さじ1	

作り方

1. 鍋にオリーブ油、大根、塩①を入れ、ふたをして**中火**にかける。

大根は重ならないよう並べましょう

2. 隙間から蒸気が出たら大根を裏返し、トマト、ツナ、塩②を加えてふたをし、**とろ火**で煮込む（20分）。

3. 水、片栗粉を加え、**中火**でよく混ぜながらとろみがつくまで煮込む。

器に盛り、お好みで小口切りにした小ねぎをちらしましょう

切って火にかけるだけで超かんたん！
大根

しみしみの大根やおだしを楽しむ

おでんスープ

材料（2人分）	下ごしらえ
大根　1/4本（10㎝）	半分の厚さに切り、隠し包丁を入れる※
こんにゃく　1/2枚	斜め半分に切る
ちくわ　5本	斜め半分に切る
うずらの卵（水煮）　8個	
昆布　5㎝角2枚	
かつお節　5g	
塩　小さじ1/2	
しょうゆ　小さじ2	
みりん　大さじ1	
水　500㎖	

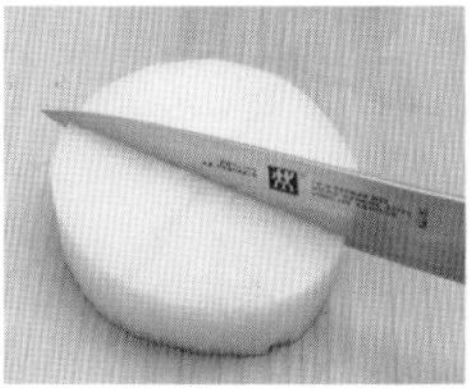

※大根の隠し包丁

大根の片面に、厚みの1/3ほどの深さまで包丁で十字に切れ込みを入れます。火の通りがよくなり、味が染み込みやすくなります。

作り方

1. 鍋に材料をすべて入れ、**中火**にかける。
2. 沸騰したら**とろ火**にし、ふたをして煮込む（30分）。
3. 火を止めて、余熱で置く（30分）。

時間があれば
3～4時間置くと、
さらに味が染み込む！

野菜のシャキシャキ食感がうれしい！

お祝いの席にも使える汁物

千切り野菜と鯛の和だしスープ

材料（2人分）	下ごしらえ
大根　1/8本（5㎝）	千切りにする
にんじん　1/4本	千切りにする
鯛（刺身用）　100g	幅1㎝に切る
水菜　1/2株	長さ3㎝に切る
昆布　3㎝角	
塩　小さじ1/2	
しょうゆ　小さじ2	
水　500㎖	

作り方

1. 鍋に水、大根、にんじん、昆布を順に入れ、ふたをして中火にかける。

2. 隙間から蒸気が出たら、鯛、水菜、塩、しょうゆを加えてひと煮立ちさせる。

ごはんにかけて
お茶漬けにしても
おいしい！

とろけたチーズがスープと一体化！

なすとトマトは洋風の名コンビ

なすとトマトの モッツァレラスープ

材料（2人分）	下ごしらえ
なす　3本	乱切りにする
トマト　1個	1㎝角に切る
チェリーモッツァレラチーズ　1袋（約100g）	
塩　小さじ1/2	
水　200㎖	
オリーブ油　小さじ1	

作り方

1. 鍋にオリーブ油、なすを入れてひと混ぜし、ふたをして中火にかける。

2. 隙間から蒸気が出たらひと混ぜし、トマト、塩、水を加える。
3. 沸騰したら弱火にし、煮込む（5分）。
4. チーズを加えて中火にし、ひと煮立ちさせる。

ごはんを入れて
リゾット風もおすすめ！

揚げなす風みそ汁

材料（2人分）	下ごしらえ
なす　2本	乱切りにする
長ねぎ　1/2本	小口切りにする
かつお節　2.5g	
水　500mℓ	
みそ　大さじ2	
オリーブ油　小さじ2	

作り方

1. 鍋にオリーブ油、なすを入れてひと混ぜし、ふたをして**中火**にかける。
2. 隙間から蒸気が出たらひと混ぜし、水、長ねぎ、かつお節を加えてひと煮立ちさせる。

なすに焦げ目がついたのを確認し、水を入れましょう

3. 火を止めて、みそを溶く。

かぼちゃと長ねぎの甘みが段違い！

かぼちゃ豚汁

材料（2人分）	下ごしらえ
かぼちゃ　1/8個	幅5㎜に切る
長ねぎ　1本	斜めの薄切りにする
豚こま切れ肉　200g	幅2㎝に切る
塩　小さじ1/2	
水　400㎖	
みそ　大さじ1と1/2	

作り方

1. 鍋に長ねぎ、かぼちゃ、豚肉、塩を順に入れ、ふたをして**弱火**にかける。

豚肉は野菜の上に広げるようにのせましょう

2. 隙間から蒸気が出たら水を加えて**中火**にし、肉をほぐすように混ぜながらひと煮立ちさせる。

3. 火を止めて、みそを溶く。

豆乳のまろやかさと角切り野菜が食べやすい！

隠し味は、なんとみそ

かぼちゃの和風チャウダー

	材料（2人分）	下ごしらえ
A	かぼちゃ　150g	1㎝角に切る
A	玉ねぎ　1/2個	1㎝角に切る
A	にんじん　1/2本	1㎝角に切る
	あさり　200g	塩水に浸け、砂抜きをする※
	塩　小さじ1/2	
	豆乳（成分無調整）　200㎖	
	水　100㎖	
	みそ　大さじ1	
	オリーブ油　小さじ1	

※あさりの砂抜き

バットに並べたあさりに3%程度の塩水をひたひたに入れ、3時間以上冷蔵庫に置いておきます。

作り方

1. 鍋にオリーブ油、**A**、あさり、塩を入れてひと混ぜし、ふたをして**中火**にかける。

2. 隙間から蒸気が出たら**とろ火**にし、煮込む（3分）。
3. 豆乳、水を加え、混ぜながら**中火**にかける。
4. 沸騰直前で火を止めて、みそを溶く。

梅でさっぱり元気をチャージ！

体調が悪い時や朝にも体にやさしい一杯

じゃがいもとえびの梅スープ

材料（2人分）	下ごしらえ
じゃがいも　1個	千切りにする
むきえび　100g	
梅干し　1個（正味10g）	種を取ってたたく
セロリ　1本	千切りにする
塩　小さじ1/2	
水　400㎖	
オリーブ油　小さじ1	

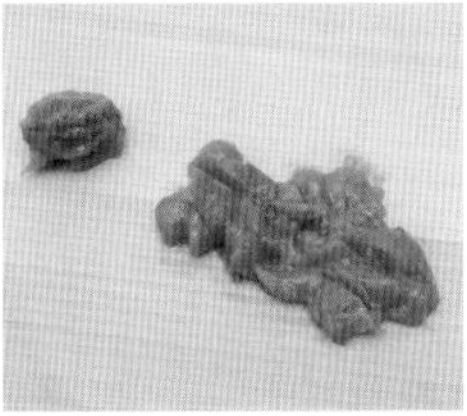

作り方

1. 鍋にオリーブ油、セロリ、じゃがいも、えび、塩を順に入れ、ふたをして**中火**にかける。

2. 隙間から蒸気が出たら、水、梅干しを加え、時々混ぜながらひと煮立ちさせる。

じゃがいも・コーン・牛乳の最強コンボ!

コロコロ野菜で見た目もかわいい

じゃが粒コーンスープ

	材料（2人分）	下ごしらえ
A	じゃがいも　2個	1cm角に切る
A	玉ねぎ　1/2個	1cm角に切る
A	ベーコン　30g	みじん切りにする
A	塩　小さじ1/2	
	ホールコーン缶　1缶（155g）	
	牛乳　400mℓ	

作り方

1. 鍋にAを入れてひと混ぜし、ふたをして**中火**にかける。
2. 隙間から蒸気が出たら**とろ火**にし、煮込む（5分）。
3. コーン、牛乳を加え、**中火**にかける。

4. 沸騰したら**弱火**にし、さらに煮込む（5分）。

ずぼらスープのおすすめ調味料

基本の調味料である「塩」（P14）以外にも、スープにぴったりで味に変化を与えてくれる調味料がたくさんあります。本書では以下のようなものを使用していますので、お好みの味を見つけてみてください。

トマトピューレ
トマトペースト

トマトが濃縮されているので、短時間でしっかりとしたうまみが出せます。

例：チーズミートボール（P36）、ノンオイルベジミネストローネ（P112）

カレー粉

少しプラスするだけで、みんなが大好きな味と食欲をそそる香りのできあがり。

例：ひき肉といろいろきのこのカレースープ（P38）、えびとアスパラのミルクカレースープ（P44）

オイスターソース

牡蠣のエキスをベースに作られており、独特の甘みをもたらしてくれます。

例：ほたての卵中華スープ（P46）

しょうゆ

これがあるだけで和風に仕上がり、料理に深みも与えてくれます。

例：玉ねぎとあさりのスープパスタ（P54）、千切り野菜と鯛の和だしスープ（P70）

ナンプラー

魚を原料に作られており、エスニックな味と香りを演出してくれます。

例：トムヤムスープ（P118）、チャオガー（P121）

チリパウダー

唐辛子が主成分なので、スパイシーなアクセントを与えてくれます。

例：豚こまスパイススープ（P24）、白菜のスパイススープ（P92）

Part 3

たった10分でできあがり！
超速ずぼらスープ

ササッと作れる
時短スープ！

忙しくても心と体を
あたためてくれる！

面倒なものはもう作れない…
と疲れている時におすすめ！

ミニトマトで時短&見た目もかわいく！

辛味×酸味のバランス抜群

ミニトマトと豆腐のサンラータン

	材料（2人分）	下ごしらえ
A	ミニトマト　10個	半分に切る
A	絹豆腐　200g	2㎝角に切る
A	豚ひき肉　200g	
A	長ねぎ　1/2本	みじん切りにする
A	酢　50㎖	
A	ラー油①　小さじ2	
A	塩　小さじ1	
A	水　300㎖	
	ラー油②　小さじ2	
	卵　1個	溶いておく

作り方

1. 鍋にAを入れてひと混ぜし、ふたをして**中火**で煮込む（5分）。
2. ふたを開けてアクを取り、時々混ぜながら沸騰したら、さらに煮込む（3分）。
3. ラー油②、溶き卵を加え、混ぜながら卵が固まるまで煮込む。

低糖質な和風スープが即完成！

ネバネバ食材でつるりと飲めちゃう

たらのなめこあんスープ

材料（2人分）

材料	下ごしらえ
甘塩たら　2切れ	半分に切る
なめこ　1パック	さっと水洗いする
長ねぎ　1/2本	斜めの薄切りにする
おくら　8本	薄い輪切りにする
しょうゆ　大さじ1	
水　300㎖	

作り方

1. 鍋に材料をすべて入れ、ふたをして**中火**で煮込む（5分）。

2. ふたを開けて沸騰したら**弱火**にし、さらに煮込む（3分）。

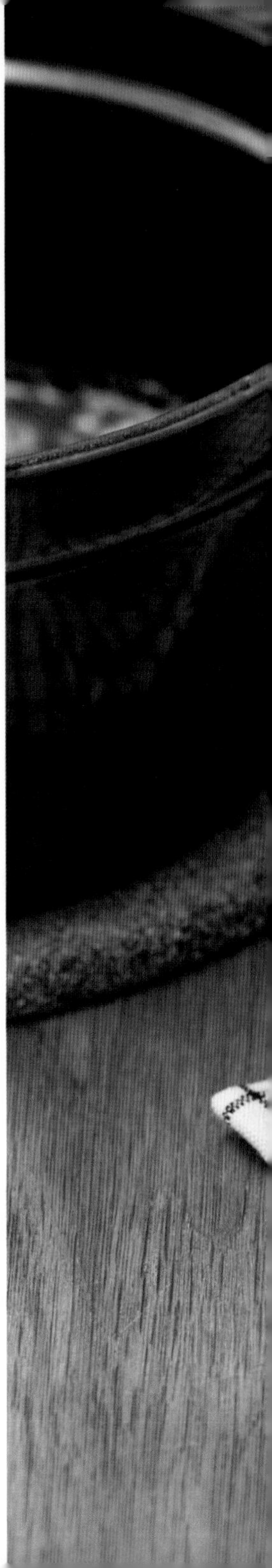

手羽先と白菜の煮込みスープ

忙しい夜にももってこい！

材料（2人分）　**下ごしらえ**

手羽先　4本……………………… 塩小さじ1/2（分量外）をふる
白菜　1/8個……………………… 3cmのざく切りにする
長ねぎ　1/2本…………………… 斜めの薄切りにする
まいたけ　1パック…………… 大きめにほぐす
塩　小さじ1/2
水　400mℓ

作り方

1. 鍋に材料をすべて入れ、ふたをして**中火**で煮込む（10分）。

ふたをしたまま余熱で置けば、お肉がさらにやわらかくなるよ

お好みで山椒や一味をふりましょう

うまみも栄養も逃がさない！

ひき肉とモロヘイヤのスープ

材料（2人分）	下ごしらえ
豚ひき肉　200g	
モロヘイヤ　1/2袋	長さ3㎝に切る
しょうが　1かけ	みじん切りにする
しょうゆ　大さじ1	
塩　小さじ1/4	
黒こしょう　小さじ1/2	
水　500㎖	

作り方

1. 鍋に材料をすべて入れてひと混ぜし、ふたをして**中火**で煮込む（5分）。
2. ふたを開けて、時々混ぜながら沸騰したら、さらに煮込む（3分）。

ゴロゴロ野菜とふわふわ卵のハーモニー！

色鮮やさが目にもうれしい

じゃがいもと枝豆のウインナースープ

材料（2人分）	下ごしらえ
じゃがいも　1個	1㎝角に切る
むき枝豆　100g	
ウインナー　4本	長さ1㎝に切る
長ねぎ　1/2本	小口切りにする
塩　小さじ1/2	
水　500㎖	
卵　1個	溶いておく

作り方

1. 鍋に卵以外の材料を入れ、ふたをして**中火**で煮込む（5分）。
2. 沸騰したら溶き卵を加え、混ぜながら卵が固まるまで煮込む。

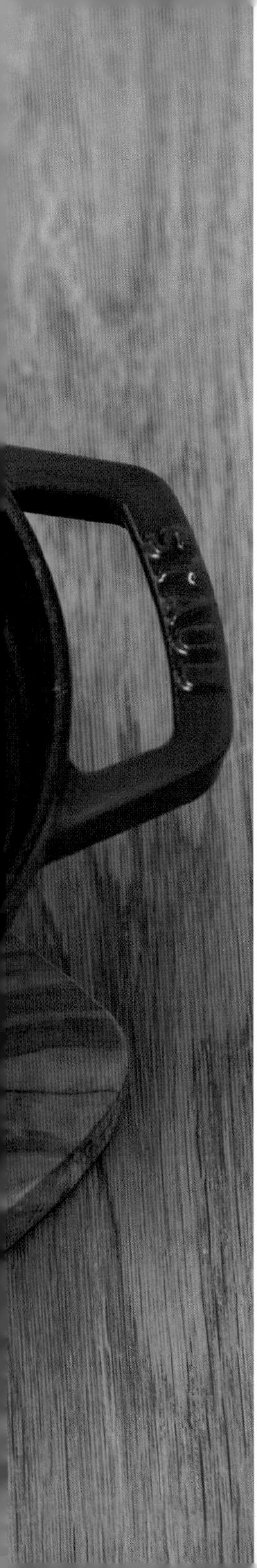

スパイシーな香りが食欲をそそる一品

白菜の
スパイススープ

材料（2人分）　**下ごしらえ**

白菜　1/8個……………………3㎝角に切る
鶏ひき肉（むね）　200g
チリパウダー　小さじ2
塩　小さじ1/2
水　400㎖

作り方

1. 鍋に材料をすべて入れてひと混ぜし、ふたをして**中火**で煮込む（5分）。

2. ふたを開けて、時々混ぜながら沸騰したら、さらに煮込む（3分）。

シンプル具材でパパッと作れる！

鶏ひき肉のとろろ昆布スープ

とろろ昆布が包み込むうまさ！

材料（2人分）　　**下ごしらえ**

- A
  - 鶏ひき肉（もも）　200g
  - 大根　1/8本（5㎝）……… 千切りにする
  - 塩　小さじ1/2
  - 水　400㎖
- とろろ昆布　5g
- 小ねぎ　2本……………………… 小口切りにする

作り方

1. 鍋にAを入れ、ふたをして**中火**で煮込む（5分）。
2. ふたを開けて、時々混ぜながら沸騰したら、さらに煮込む（3分）。
3. 火を止めて、とろろ昆布と小ねぎを加える。

切り干し大根のピリ辛スープ

うまみの詰まった戻し汁で作る！

材料（2人分）　　**下ごしらえ**

材料	下ごしらえ
切り干し大根　20g	400㎖の水に10分ほど浸け、食べやすい長さに切る。戻し汁も鍋に入れる
トマト　1個	1cm角に切る
セロリ　1/2本	斜めの薄切りにする
赤唐辛子　1本	種を取り、小口切りにする
塩　小さじ1/2	
オリーブ油　小さじ1	

作り方

1. 鍋に材料をすべて入れてひと混ぜし、ふたをして**中火**で煮込む（5分）。
2. ふたを開けて、沸騰したら火を止める。

切り干し大根や唐辛子は
ハサミで切ると
かんたん！

野菜は極薄切りで時短に成功！

体に染みる癒やしのひと皿

桜えびの温豆腐スープ

材料（2人分）	下ごしらえ
桜えび　10g	
絹豆腐　200g	4等分に切る
大根　1/8個（5㎝）	極薄のいちょう切りにする
にんじん　1/2本	極薄のいちょう切りにする
しょうゆ　小さじ1	
塩　小さじ1/2	
水　500㎖	
片栗粉　大さじ1	大さじ2の水（分量外）で溶く

作り方

1. 鍋に片栗粉以外の材料を入れ、ふたをして**中火**で煮込む（5分）。
2. ふたを開けて、沸騰したら**弱火**にし、さらに煮込む（5分）。
3. 水溶き片栗粉を加え、よく混ぜながらとろみがつくまで煮込む。

お好みで三つ葉を
飾りましょう

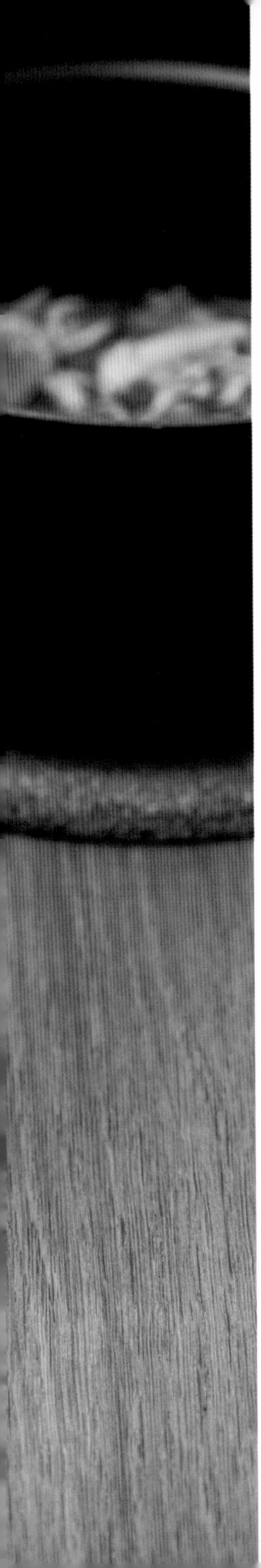

忙しい時はこれで決まり

ちりめんじゃこの野菜雑炊

材料（2人分）　　**下ごしらえ**

ちりめんじゃこ　30g
にんじん　1/2本……………………極薄のいちょう切りにする
小松菜　1株…………………………長さ3㎝に切る
しめじ　1/2パック ……………ほぐす
塩　小さじ1/2
水　400㎖
ごはん（雑穀米など）　100g…水洗いし、水気を切る

作り方

1. 鍋にごはん以外の材料を入れ、ふたをして**中火**で煮込む（5分）。
2. ごはんを加え、ひと煮立ちさせる。

器に盛り、
お好みで刻みのりを
ちらしましょう

栄養バランスはもちろん
見た目もばっちり！

ささみとしらたきのフォー

ヘルシーだけど満たされる！

	材料（2人分）	下ごしらえ
A	鶏ささみ　4本	
A	長ねぎ　1/2本	斜めの薄切りにする
A	しょうが　1かけ	千切りにする
A	酒　大さじ1	
A	ナンプラー　小さじ2	
A	塩　小さじ1/2	
A	水　400㎖	
	しらたき　200g	水気を切り、食べやすい長さに切る
	レモン汁　小さじ1	

作り方

❶ 鍋に**A**を入れ、ふたをして**中火**で煮込む（5分）。

❷ 火を止めて、余熱で置く（5分）。

❸ 鶏肉を取り出し、鍋にしらたき、レモン汁を加え、**中火**でひと煮立ちさせる。

❹ 器に盛り、❸の鶏肉をちぎってのせる。

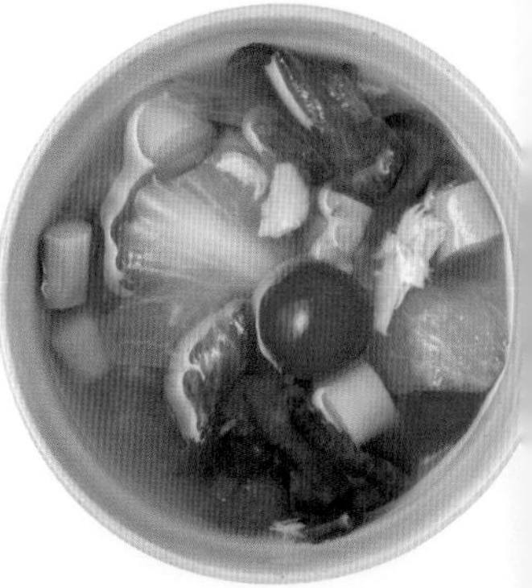

ちょっと変わり種の
みそ汁6品！

最速5分でできあがり！
超速ずぼらみそ汁

日本の伝統的なスープといえば「みそ汁」。毎日みそ汁だけは飲んでいるという人も少なくないのではないでしょうか。
もちろんストウブでもおいしいみそ汁が作れます。すでに豚汁などいくつか紹介していますが、ここではほぼ5分で作れるずぼらみそ汁6品を一気にご紹介します。

みそがおいしく腸内環境も
整えてくれる！

鉄板サラダを
みそ汁にしちゃいました！

ツナサラダみそ汁

材料（2人分）　　　　**下ごしらえ**

ツナ缶（塩・油不使用）　1缶（70g）
レタス　2枚…………………一口大にちぎる
ミニトマト　4個…………半分に切る
アスパラガス　2本………長さ1㎝に切る
水　500㎖
みそ　大さじ2

作り方

1. 鍋にみそ以外の材料を入れ、ふたをして**中火**で煮込む（5分）。
2. 火を止めて、みそを溶く。

納豆なめこみそ汁

材料（2人分）

ひきわり納豆　1パック
なめこ　1パック
かつお節　2.5g
昆布　3センチ角
水　300㎖
みそ　大さじ2

作り方

1. 鍋にみそ以外の材料を入れ、ふたをして**中火**で煮込む（5分）。
2. 火を止めて、みそを溶く。

下ごしらえもなしの究極みそ汁！

低カロリーで体にうれしい！

ちくわともずくのしょうがみそ汁

材料（2人分）		下ごしらえ
A	ちくわ　2本	食べやすい大きさにちぎる
A	生もずく　100g	
A	しょうが　1かけ	すりおろす
A	水　400mℓ	
	みそ　大さじ2	
	みょうが　2本	千切りにする

作り方

1. 鍋にAを入れ、ふたをして**中火**で煮込む（5分）。
2. 火を止めて、みそを溶き、みょうがを加える。

さばとまいたけのみそ汁

材料（2人分）		下ごしらえ
A	さば缶　1缶（190g）	
A	まいたけ　1パック	ほぐす
A	水　500mℓ	
	みそ　大さじ2	
	貝割れ大根　1パック	根を取り、半分の長さに切る

作り方

1. 鍋にAを入れ、ふたをして**中火**で煮込む（5分）。
2. 火を止めて、みそを溶き、貝割れ大根を加える。

さばとみそは相性ぴったり！

豆苗と高野豆腐と卵のみそ汁

丸ごと卵がアクセント！

材料（2人分）　**下ごしらえ**

A
- 豆苗　1パック……………根を取り、3等分に切る
- 長ねぎ　1/2本…………斜めの薄切りにする
- 高野豆腐　1枚（約12g）水で戻して軽くしぼり、2cm角に切る
- かつお節　2.5g
- 水　400mℓ

みそ　大さじ2

卵　2個

作り方

1. 鍋にAを入れ、ふたをして**中火**で煮込む（5分）。
2. みそを溶き、沸騰したら卵を割り入れ、さらに煮込む（3分）。

トマトと おくらのみそ汁

意外な組み合わせが激推し！

材料（2人分）　**下ごしらえ**

トマト　1個………8等分のくし切りにする

おくら　8本………幅1cmの輪切りにする

かつお節　2.5g

水　400mℓ

みそ　大さじ2

作り方

1. 鍋にみそ以外の材料を入れ、ふたをして**中火**で煮込む（5分）。
2. 火を止めて、みそを溶く。

Part 4

まるで旅気分！
ご当地ずぼらスープ

ふだんとはちょっと違う
贅沢スープ！

レパートリーを増やしたい
という人にもおすすめ！

かんたんにチャレンジ
できるレシピで再現！

フランス

フランス料理で欠かせない
ひよこ豆をくたっと煮込む！

マスタードがおいしさの秘訣
鶏肉とひよこ豆のスープ

材料（2人分）	下ごしらえ
鶏もも骨つき肉（ブツ切り）　300g	塩小さじ1/2（分量外）をふる
ひよこ豆（水煮）　100g	
玉ねぎ　1個	1cm角に切る
にんじん　1/2本	1cm角に切る
塩　小さじ1/2	
粒マスタード　大さじ1	
牛乳　200mℓ	
オリーブ油　小さじ1	

作り方

1. 鍋にオリーブ油、玉ねぎ、にんじんを入れ、**中火**でしんなりするまで炒める。さらに鶏肉を加え、色が変わるまで炒める。

こんな感じになるまで
炒めましょう

2. ひよこ豆、塩を加え、ひと混ぜしてふたをする。
3. 隙間から蒸気が出たら**とろ火**にし、煮込む（20分）。
4. 牛乳、粒マスタードを加えて**中火**にかける。
5. 沸騰したら**弱火**にし、さらに煮込む（3分）。

時短レシピでもえびの風味はしっかり！

干しえびを使えば超かんたん＆超濃厚

干しえびの即席ビスク

材料（2人分）	下ごしらえ
干しえび（無着色）　15g	
玉ねぎ　1個	繊維に対して直角に薄切りにする
塩　小さじ1/2	
トマトピューレ（3倍濃縮）　100g	
牛乳　200mℓ	
オリーブ油　小さじ2	

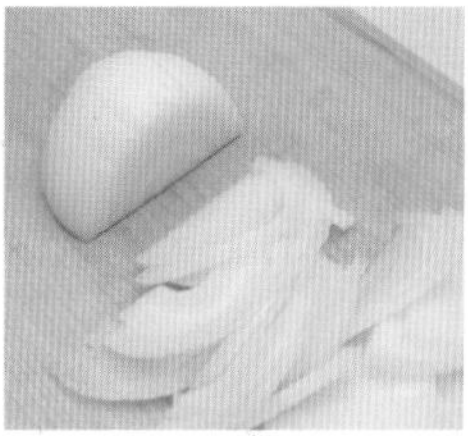

作り方

1. 鍋にオリーブ油、玉ねぎ、干しえびを入れて、**中火**でしんなりするまで炒める。

こんな感じになるまで
炒めましょう

2. 塩、トマトピューレを加え、ひと混ぜしてふたをする。
3. 隙間から蒸気が出たら**とろ火**にし、煮込む（5分）。
4. 牛乳を加え、ハンドブレンダーなどで攪拌《かくはん》する。

器に盛り、
お好みでパセリや牛乳を
飾りましょう

フランス

ストウブの力でブロック肉もほろりとやわらか！

まるで何日も煮込んだような味わい

豚肉の赤ワイン煮

材料（2人分）	下ごしらえ
豚肩ロース肉（ブロック）　500g	砂糖と塩各小さじ1（分量外）を順にまぶし、10分置く
玉ねぎ　1個	1㎝角に切る
にんじん　1/2本	半月の薄切りにする
トマトピューレ（3倍濃縮）　100g	
塩　小さじ1	
赤ワイン　250cc	
オリーブ油　小さじ1	

作り方

1. 鍋にオリーブ油、豚肉、玉ねぎ、にんじんを順に入れ、ふたをして**中火**にかける。

2. 隙間から蒸気が出たら赤ワインを加え、1分間沸騰させる。

3. トマトピューレを加え、ひと混ぜしてふたをする。

4. 隙間から蒸気が出たら**とろ火**にし、煮込む（60分）。

5. 火を止めて、豚肉を取り出し食べやすい大きさに切る。スープはハンドブレンダーなどで攪拌《かくはん》する。

鍋をかたむけてスープを寄せると攪拌しやすいです

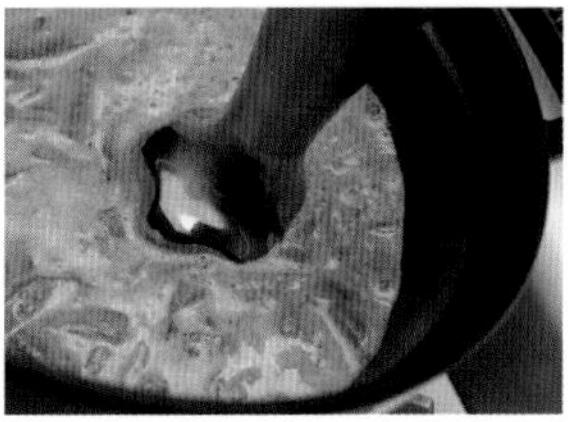

6. 豚肉を鍋に戻して**中火**にかけ、沸騰したら塩を加えて**弱火**にし、時々混ぜながらとろみがつくまで煮込む（10分）。

ひと皿でなんと野菜 300g 以上！

野菜を存分に味わえるストウブらしい逸品

ノンオイルベジ ミネストローネ

	材料（2人分）	下ごしらえ
A	玉ねぎ　1個	1㎝角に切る
A	にんじん　1本	1㎝角に切る
A	セロリ　1/2本	1㎝角に切る
A	かぼちゃ　1/8個	1㎝角に切る
A	塩　小さじ1	
	トマトピューレ（3倍濃縮）　200g	
	水　200㎖	

作り方

1. 鍋にAを入れ、ふたをして**中火**にかける。

2. 隙間から蒸気が出たら**とろ火**にし、煮込む（10分）。
3. ひと混ぜしてトマトピューレ、水を加え、**中火**にする。
4. 沸騰したら**弱火**にし、さらに煮込む（10分）。

STAUB
甘みと酸味の絶妙なハーモニー！

鶏肉とトマトを煮込む猟師風イタリア料理

カチャトーラ風スープ

材料（2人分）	下ごしらえ
鶏手羽元　8本	塩小さじ1（分量外）をふる
ミニトマト　15個	半分に切る
玉ねぎ　1/2個	1cm角に切る
じゃがいも　1個	5cm角に切る
グリーンオリーブ　8個	
酢　大さじ2	
水　100mℓ	
オリーブ油　小さじ1	

作り方

1. 鍋にオリーブ油、玉ねぎ、じゃがいもを入れ、**中火**でしんなりするまで炒める。

2. 鶏肉、酢、ミニトマト、オリーブを順に加え、ふたをする。
3. 隙間から蒸気が出たら**とろ火**にし、煮込む（15分）。
4. 水を加えて**中火**にし、沸騰したら**とろ火**にしてさらに煮込む（10分）。

スンドゥブチゲ

キムチの辛さで体もポカポカ！

韓国

材料（2人分）	下ごしらえ
絹豆腐　200g	4等分に切る
豚こま切れ肉　200g	長さ3㎝に切る
長ねぎ　1本	斜めの薄切りにする
えのき　1/2袋	半分の長さに切り、ほぐす
キムチ　250g	
塩　小さじ1/2	
水　300㎖	
卵　2個	

作り方

1. 鍋に卵以外の材料を入れ、ふたをして**中火**にかける。

豚肉は野菜の上に広げるようにのせましょう

2. 隙間から蒸気が出たら**とろ火**にし、煮込む（5分）。
3. 沸騰したら卵を割り入れ、**中火**にし、さらに煮込む（3分）。

素材のうまみだけで焼き肉屋のスープ！

ねぎとわかめのスープ

韓国

材料（2人分）	下ごしらえ
長ねぎ　1本	斜めの薄切りにする
塩蔵わかめ　30g	水で戻し、長さ2㎝に切る
鶏ひき肉（むね）　200g	
白ごま　小さじ1	
塩　小さじ1/2	
水　400㎖	
ごま油　小さじ1	

作り方

1. 鍋にごま油以外の材料を入れ、ふたをして**中火**にかける。

ひき肉は野菜の上に広げるようにのせましょう

2. 隙間から蒸気が出たら**とろ火**にし、混ぜながらさらに煮込む（3分）。仕上げにごま油をたらす。

トムヤムスープ

殻つきえびの香ばしさがポイント！

	材料（2人分）	下ごしらえ
A	殻つきえび　150g	下処理をする※
A	セロリ　1本	斜めの薄切りにする
A	しょうが　1かけ	薄切りにする
B	まいたけ　1パック	ほぐす
B	トマト　1個	2cm角に切る
B	パクチー　1株	茎を長さ2cmに切り、葉は飾り用にする
B	赤唐辛子　2本	種を取る
B	こぶみかんの葉　3g	粉々に潰す
B	ナンプラー　大さじ1	
B	塩　小さじ1/2	
B	水　500mℓ	
	オリーブ油　小さじ1	

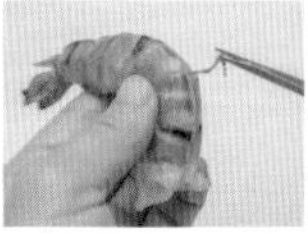

※殻つきえびの下処理
❶脚を取る
❷ハサミで背を切り開く
❸背わたを取り除く

作り方

1. 鍋にオリーブ油、Aを入れ、えびの色が変わるまで**中火**で炒める。
2. Bを加えてふたをし、隙間から蒸気が出たら**とろ火**にし、煮込む（10分）。

器に盛り、お好みでパクチーの葉を添えたりレモンをしぼりましょう

ココナッツミルクでより本格的！

トムカーガイ

材料（2人分）		下ごしらえ
鶏もも肉	1枚	8等分に切り、塩小さじ1/2（分量外）をふる
エリンギ	1パック	半分の長さに切り、厚さ1㎝に切る
しょうが	1かけ	薄切りにする
パクチー	1株	茎を長さ2㎝に切り、葉は飾り用にする
赤唐辛子	2本	種を取る
ナンプラー	大さじ1	
塩	小さじ1/2	
ココナッツミルク	400㎖	

作り方

1. 鍋にエリンギ、鶏肉、しょうが、パクチーの茎、唐辛子、ナンプラーを順に入れ、ふたをして**中火**にかける。
2. 隙間から蒸気が出たら**とろ火**にし、煮込む（10分）。
3. 塩、ココナッツミルクを加え、ひと煮立ちさせる。

器に盛り、
お好みでパクチーの葉を
添えましょう

牛肉のフォー

本場の人気トッピングは牛肉！

ベトナム

材料（2人分）	下ごしらえ
牛薄切り肉　200g	長さ5㎝に切る
フォー　100g	ぬるま湯に10分ほど浸ける
玉ねぎ　1/2個	繊維に対して直角に薄切りにする
しょうが　1かけ	薄切りにする
パクチー　1株	茎を長さ2㎝に切り、葉は飾り用にする
もやし　1/2パック	
ナンプラー　大さじ2	
水　500㎖	

作り方

1. 鍋に玉ねぎ、しょうが、ナンプラー、パクチーの茎、水を順に入れ、ふたをして**中火**にかける。
2. 隙間から蒸気が出たら牛肉を加え、ひと煮立ちさせる。
3. アクを取り、フォー、もやしを加え、ふたをして隙間から蒸気が出るまで煮込む。

器に盛り、お好みで
パクチーの葉を添えたり
レモンをしぼりましょう

ベトナム

チャオガー

お米がふっくらやさしい鶏粥《がゆ》！

材料（2人分）	下ごしらえ
鶏もも肉　1枚	8等分に切る
米　0.5合	
長ねぎ　1本	小口切りにする
しょうが　1かけ	千切りにする
ナンプラー　大さじ1	
塩　小さじ1/2	
水　600㎖	

作り方

1. 鍋に材料をすべて入れ、**中火**にかける。
2. 沸騰したら**とろ火**にし、ふたをして煮込む（15分）。

ソーキ（＝豚肉の塊）がとってもジューシー！

そばの代わりにもずくでヘルシー

もずくソーキ

材料（2人分）	下ごしらえ
生もずく　100g	
豚スペアリブ　400g	
長ねぎ　1本	長さ5㎝に切る
しょうが　1かけ	薄切りにする
昆布　5㎝角	
塩　小さじ1	
酒　大さじ2	
水　500㎖	

作り方

1. 鍋にもずく以外の材料を入れ、**中火**にかける。

2. 沸騰したらアクを取り、ふたをして**とろ火**で煮込む（40分）。

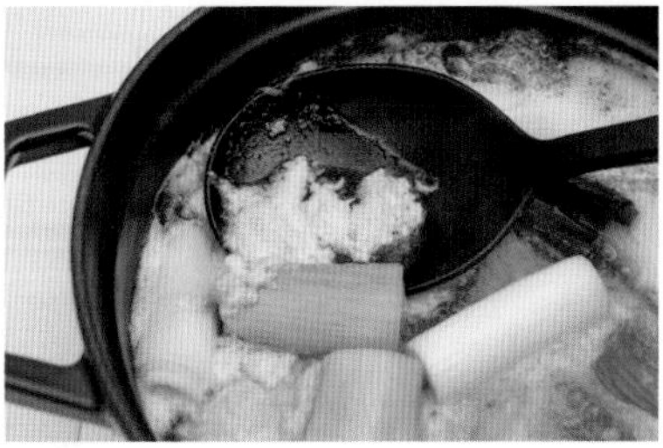

3. 火を止めて、余熱で置く（2時間）。

4. 食べる直前にもずくを加え、**中火**でひと煮立ちさせる。

ゆし豆腐

磯の香りが口いっぱいに広がる！

沖縄

材料（2人分）	下ごしらえ
寄せ豆腐　1丁（180g）	
あおさのり　5g	
小ねぎ　1本	小口切りにする
昆布　5㎝角	
かつお節　2.5g	
塩　小さじ1/2	
水　400㎖	

作り方

1. 鍋に水、昆布、塩を入れ、**中火**にかける。
2. 沸騰したらかつお節、寄せ豆腐を加え、煮込む（3分）。
3. 火を止めて、あおさのり、小ねぎを加える。

いなむどぅち

甘みそで作るお祝いの汁物！

沖縄

	材料（2人分）	下ごしらえ
A	豚こま切れ肉　100g	幅1cmに切る
A	にんじん　1/2本	極薄のいちょう切りにする
A	大根　1/8本（5cm）	極薄のいちょう切りにする
A	水　500mℓ	
	砂糖　小さじ2	
	塩　小さじ1/2	
	みそ　大さじ1	

作り方

1. 鍋にAを入れてひと混ぜし、ふたをして**中火**にかける。
2. 隙間から蒸気が出たら**とろ火**にし、煮込む（10分）。
3. 火を止めて、砂糖、塩を加えてみそを溶き、全体をよく混ぜる。

おわりに

『ストウブでずぼらスープ』を手に取っていただき、ありがとうございます。

わたしは「ずぼら料理教室」というＹｏｕＴｕｂｅをやっているくらい本当はずぼらな性格。
おもてなしの料理は大好きですが、毎日のごはん作りはとても面倒です。かんたんに、でもおいしく！　と考えているうちに「ストウブ」という魔法のお鍋にたどり着きました。

今回の本のテーマは「ずぼら」。
鍋に入れたらタイマー任せでコンロからちょっと離れてもよいように、手間なくおいしくできるレシピを考えました。

ストウブならば、調味料も手間も最小限で作ることができます。素材のうまみが最大限に引き出たスープとごはん。

忙しい日の食事はそんな一汁一飯で、充分心も体も満足できると思います。
わたしと同じく〝ずぼら〟なみなさまはもちろん、毎日頑張っているみなさまにも、「ずぼらスープ」が強い味方になってくれることを願っています。

大橋由香

スタッフクレジット
撮影　中島慶子／青木和義（p13、27）
スタイリング　大関涼子
デザイン　岡睦（mocha design）、更科絵美
イラスト　オガワナホ

調理アシスタント
吉岡千佳、仙石佳織、中村里美

道具協力
STAUB（ストウブ）
ツヴィリング J.A. ヘンケルスジャパン株式会社
問い合わせ先 0120-75-7155
https://www.zwilling.com/jp/staub/

株式会社デニオ総合研究所
問い合わせ先 03-6450-5711

UTUWA

大橋由香（おおはし・ゆか）

料理研究家。神奈川県厚木市のストウブビストロ「はるひごはん」店主。調理学校卒業後、フレンチレストランやカフェで経験を積み、結婚、出産を経て2014年にカフェオープン。「はるひごはんオンライン料理教室」、YouTube「ずぼら料理教室」主宰。2011年よりツヴィリング　J.A.ヘンケルス　ジャパンより依頼を受け、百貨店でのデモンストレーションを全国で開催。ここ数年は健康意識が高くなり、食と運動の大切さをたくさんの人に知っていただけるよう2023年にパーソナルジム「HARUHI BODY+」をオープン。趣味は旅。ストウブ片手に旅する料理人として活動中。

ストウブでずぼらスープ

2023年10月19日　第1刷発行

著者　大橋由香
発行者　鉄尾周一
発行所　株式会社マガジンハウス
〒104-8003
東京都中央区銀座3-13-10
書籍編集部　☎03-3545-7030
受注センター　☎049-275-1811

印刷・製本　三松堂株式会社

ISBN978-4-8387-3252-4 C0077